© 2022 Carlsen Verlag GmbH, Völckersstraße 14–20, 22765 Hamburg
Text: Christiane Rittershausen
Illustrationen: Pina Gertenbach
Lektorat: Marlen Bialek
Herstellung: Bettina Oguamanam
ISBN 978-3-551-51918-4

CARLSEN-Newsletter
Tolle neue Lesetipps kostenlos per E-Mail!
www.carlsen.de

Carlsen-Bücher gibt es überall im Buchhandel und unter www.carlsen.de

Christiane Rittershausen Pina Gertenbach

Versteckt!

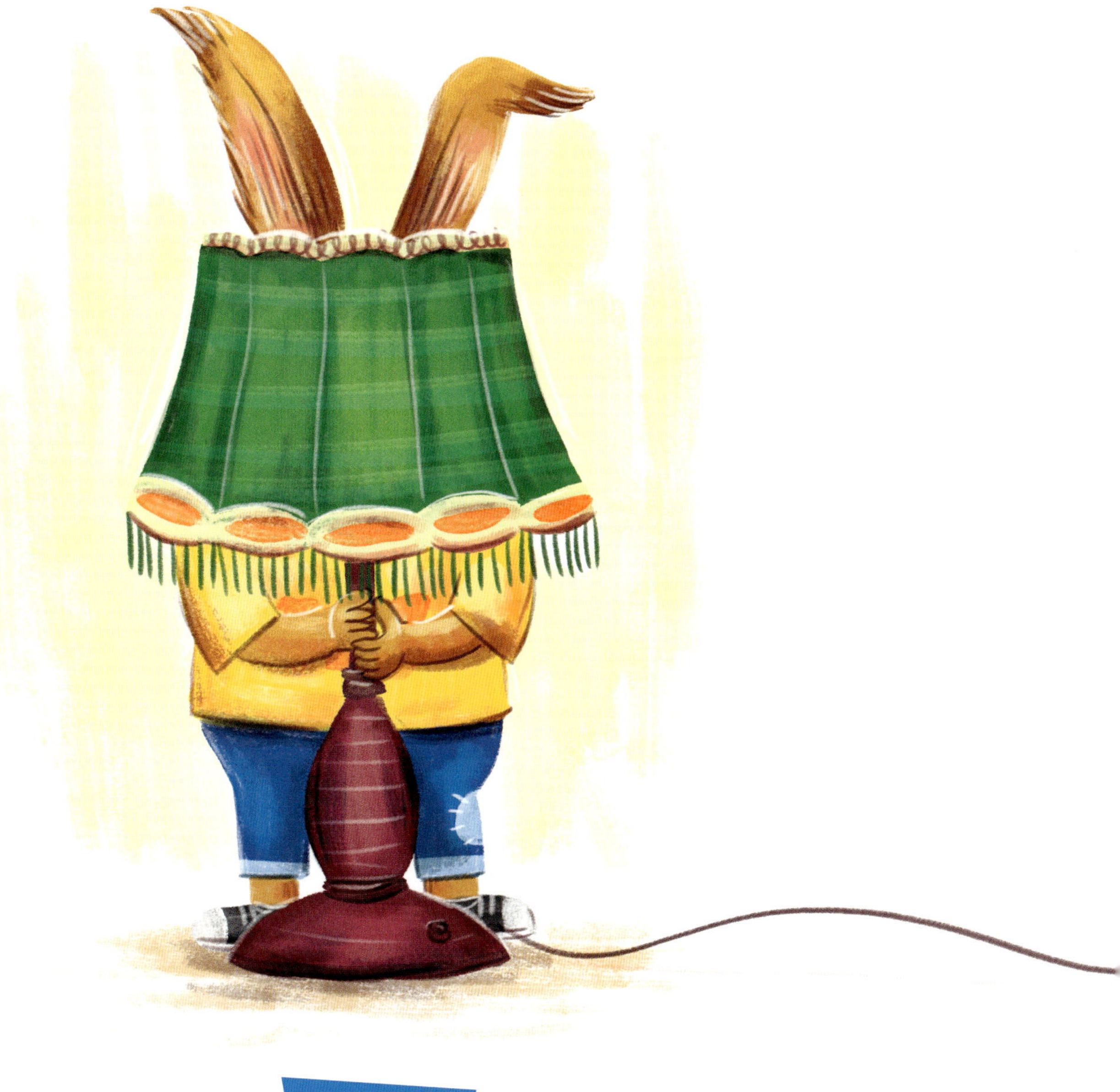

CARLSEN

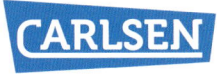

Was für ein wunderbar sonniger Morgen. Timmi freut sich.
Ein perfekter Tag zum Fangenspielen und Gänseblümchenzählen.
„Hallo, Herr Maulwurf!", grüßt er freundlich den Nachbarn, der gerade seine Zeitung geholt hat.
Timmi ist nämlich ein sehr netter kleiner Hase.
Aber Herr Maulwurf grüßt gar nicht zurück. Er scheint sehr beschäftigt.

Timmi ist nicht nur sehr nett, sondern er kann auch richtig gut hoppeln und Grimassen schneiden.

Aber am allerbesten kann er Dinge verstecken.

„Hast du **meine Brille** gesehen, Timmi?", ruft Herr Maulwurf
dem kleinen Hasen hinterher.
„Schau doch mal auf deiner Baustelle nach", schlägt Timmi vor.

Tatsächlich, dort liegt die Brille! Herr Maulwurf weiß zwar
nicht, wie sie dahingekommen ist, aber er freut sich, dass er
nun Zeitung lesen kann. Und obendrein findet er neben dem
Erdhügel einen **leckeren** Regenwurm.

Vergnügt hoppelt Timmi durch die Nachbarschaft.
„Guten Morgen, Paul!", ruft er.
Paul, der Postfrosch, trägt gerade die Pakete aus. Als er nicht aufpasst, stibitzt Timmi geschwind ein paar Päckchen und versteckt sie. Der Frosch kratzt sich am Kopf und fragt sich, ob er wohl richtig gezählt hat.

Das Eichhörnchen freut sich indes über einen karottenroten Nussknacker.

Und die Hasenoma über einen neuen Pullover.

„Was für eine schöne Überraschung!", rufen beide.
Und Timmi ist glücklich, weil er den Tieren eine Freude bereitet hat.

„In der Kita lässt du die Versteckerei aber sein!", sagt Papa, als sie wenig später gemeinsam loshüpfen.

Die Kita ist toll! Frau Hasenzahn und Herr Klopfer sind sehr nett. Es gibt viele andere Hasenkinder zum Spielen – und jede Menge Spielzeug. **Eigentlich ist genug für alle da.** Trotzdem streiten sich zwei junge Hasen um ein kleines blaues Holzauto.

„Lass los!", schreit das eine Hasenkind.

„Gib sofort her!", brüllt das andere.

Und plötzlich **kribbelt** es in Timmis Hasenpfoten.

„Seht mal da, eine Libelle!",
ruft er. Als die beiden
Streithasen abgelenkt sind,
schnappt sich Timmi schnell
das blaue Auto und hoppelt
davon.

Er sucht ein besonders schönes Versteck dafür aus. Wenig später
freut sich der kleine Benni mit dem Schlappohr über ein blaues Holzauto, das er unter einem Baumstumpf entdeckt.
„Schaut, was ich gefunden hab!", ruft er den anderen beiden zu.

Aber die Freunde beobachten fasziniert
die Libelle am Froschteich und hören ihn
gar nicht.

Bald wird es Zeit für das Mittagessen.

„Habt ihr schon gehört? Es gibt mal wieder Rote Bete", sagt Lotta und macht ein Gesicht wie sieben Tage Regenwetter.

„Bäh, pfui, igitt!" Benni rümpft die Hasennase.

Weil niemand in der Kita Rote Bete mag, hat Timmi eine Idee. Er schleicht sich in die Küche und – schwups – schon ist der Sack mit den Knollen verschwunden.

Die Köchin wundert sich. „Wo ist bloß das Gemüse hin? Und was soll ich nun kochen?" Weil ihr einfach nichts einfällt, fragt sie die Kinder, was sie gerne essen möchten.

„Möhren!", rufen alle Hasenkinder wie aus einem Mund.

In der Zwischenzeit finden Herr und Frau Maus
und ihre sieben Kinder die Rote Bete.
Sie können ihr Glück kaum fassen.
Es wird ein richtiges Festmahl!

Am Nachmittag ist Bastelstunde. Gemeinsam bemalen die Hasenkinder Eier, die Herr Klopfer vom Bauernhof mitgebracht hat. Damit sollen die Bäume und Sträucher in der Hasen-Kita geschmückt werden. Timmi gibt sich große Mühe – und malt fast gar nicht daneben. Auch Lotta und Benni malen sehr gerne und zaubern die allerschönsten Eier.

„Die sehen ja cool aus", sagt Timmi bewundernd.
Und heimlich denkt er sich: Viel zu schade, um
sie an einen Baum zu hängen ...

Er hat auch schon den perfekten Ort entdeckt: ein kleines Haus mit einem roten Dach, einer blauen Tür und einem weißen Zaun. Hier ist er schon oft vorbeigehoppelt und hat zwei Menschenkinder beim Spielen im Garten beobachtet. Bestimmt werden ihnen die bunten Eier gefallen!

„Huch, was liegt denn da im Gras?", wundert sich Mia.

„Sieht aus wie ein Ei", sagt ihr Bruder Max. „Da drüben ist noch eins!"

Mia und Max suchen den ganzen Garten ab und haben einen Riesenspaß.

So tolle bunte Eier haben sie noch nie gesehen. Mama und Papa
werden Augen machen!

Bevor sie zurück ins Haus gehen, sieht Mia einen kleinen Hasen davon-
hoppeln. „Vielen Dank, lieber Hase!", ruft sie ihm hinterher. Und
Timmi lächelt glücklich von einem Hasenohr zum anderen.

In der Kita herrscht Aufregung. Wo sind denn all die schönen Eier hin?
Benni und Lotta weinen, weil ihre Kunstwerke verschwunden sind.
„Hast du etwas damit zu tun, Timmi?", fragt Herr Klopfer.
Timmi lässt die Ohren hängen. Er wollte nicht, dass Benni und
Lotta traurig sind. „Ich wollte den Kindern nur eine Freude machen",
sagt er leise.

Frau Hasenzahn legt einen Arm um ihn. „Ich weiß, dass du es gut gemeint hast. Und ich habe eine karottenstarke Idee!“

Ab sofort gibt es in der Hasen-Kita eine neue Lieblingsbeschäftigung: Die schönsten Eier werden gesammelt und einmal im Jahr, nämlich im Frühling, in den Gärten der Menschen versteckt.

Beim Malen kleckst Timmi zwar immer ordentlich daneben, aber im Verstecken ist er der Beste. Stolz zeigt er den anderen kleinen Hasen, wo die tollsten Verstecke sind.

Timmi ist so begeistert von seiner neuen Aufgabe, dass er nur noch Eier versteckt – jedenfalls meistens.